उन्मुक्त छन्द

असीम

यह किताब मेरे दोस्त अनिरुद्ध के बिना पूरी न हो पाती।

© अभिवंदन विज

संपर्क: vijabhivandan@gmail.com

इन्स्टाग्राम: @renaissance_e_rekhta

उसके लिए जिसे मैं याद हूँ।
उसके लिए जिसे मैं याद करता हूँ।

यह किताब सब के लिए नहीं है। अगर आप यह सोचते हैं कि आप पढ़ सकते हैं तो किताब बंद कर दीजिए। आप यह किताब तब खोले जब आपको लगे कि अब और कुछ नहीं कर सकते।

किताब की भूमिका

अगर मेरी सबसे अच्छी रचनाएँ पढ़ना चाहते हैं तो किताब पीछे से शुरू कीजिए। यह सिर्फ़ एक संकलन नहीं यह एक कहानी भी है। मेरी पहली कविता से लेकर अभी तक की आखिरी है इसमें, उस ही क्रम में। एक अंतराल के लिए किसी भी तरह के मुक्त छंद से मुक्ति पा कर ग़ज़लें लिखने लगा था और इस ही लिए पहली नौ कविताएँ एक दूसरे से काफी दूर हैं। ग़ज़लें क्यों नहीं छापी? क्यूंकि मैं उनको बार-बार पढ़ने लायक नहीं समझता पर ऐसा नहीं कि मैं आगे भी नहीं समझूँगा। यह किताब आज़ादी के बारे में है। किस से? क्या पता। एक चीख उठती है और मैं उसे लिख देता हूँ कभी दिन के एक बजे तो कभी रात के। किताब ही क्यों? क्यूंकि मैंने किसी भी सुनी हुई कविता पर कभी विचार नहीं किया। मैं जो तुम तक पहूँचाना चाहता हूँ वो इसके अलावा किसी और ज़रिए से नहीं पहूँच सकता।

अगर तुमने यह किताब खरीदी है तो तुम एक नए इंसान को मौका देना चाहते हो, तुम "डॉग्मा" से बाहर हो। हम पुरानी चीज़ों को ऐसे महत्व देते हैं जैसे हर पुरानी चीज़ सही ही है। संगीत, खाना और अन्य हाथ से होने वाले कामों के अलावा मैं ऐसी कोई भी चीज़ नहीं ढूँढ पाता हूँ जो अच्छी हो और पुरानी हो।

मैं कोई आशा नहीं रखता हूँ, इस किताब से। किताबें तो मैंने मार्क्स से लेकर रसेल तक की सड़ती देखी हैं। हाँ, बस थोड़ा अलग यह है कि मैं किसी तरह की कोई मर्यादा को स्वीकार नहीं करूँगा। असीम।

असीम की सीमाएँ

मैं क्यों कुछ कहूँ? सब आगे लिखा ही है। एक कमरे में बैठा हूँ। एने फ्रैंक की डायरी पर हाथ रख कर यह लिख रहा हूँ। लिख रहा हूँ कि मैं इसको साहित्य नहीं मानता। आप इसको फ़लसफ़ियत की तरफ़ ज़्यादा मुकम्मल पाएँगे। मेरे सारे कामों में वो कहीं ना कहीं से आ ही जाती है। मेरी वही एक सीमा है।

एक और है मुझे अभी भी नहीं पता कि मुझे यह करना है या नहीं। मुझे यह ज़रूर पता है कि काफ़्का भी कभी इस जगह पर था। उसने भी कहा तो यह ही था कि उसकी सारी न छपी हुई रचनाएँ जला दी जाए। कविता जलाने की हिम्मत तो मैं नहीं ढूँढ़ पाऊँगा और ना ही प्रकाशक ढूँढ़ पाऊँगा। ढूँढ़ पाऊँगा तो सिर्फ़ और कविताएँ। यह वाली जला ना दूँ इसलिए यह किताब।

इसके अलावा मेरे बारे में जो आप जानना चाहते हैं आगे है और जो नहीं जानना चाहते हैं वो थोड़ा और आगे है...

1)

ना जाने क्या क्या बन तुम मेरे पास आई हो

सच बताना तुम मौत हो ना?

डर सा लगा रहता है तुम्हें खो देने का पर ना खो कर खुद को खो देने का

ख़ौफ हो ना?

हर बार ले जाती हो ज़िंदगी से थोड़ा दूर,

रुक जाता हूँ सोच कर जो लम्हे गया था भूल,

फिर से वो शाम हो हम फिर से चार यार हो।

एक बात बताओ, तुम कौन हो यार?

तुम मौत हो ना?

वक़्ती खुशी की मेयार ही रही सदा।

जाने के बाद खुद को पाए भटकता हुआ।

तुम इंतजार की इंतहा के इब्तिदा पर फिर आ गई।

सच बताना मेरे मरने का ख़ौफ़ हो ना?

तुम मौत हो ना।

2)

पूरी ज़िंदगी सोचता रहा क्या मजबूरी होगी।
उसकी जगह हूँ मजबूरी तो है।

3)

तुम रहोगी हमेशा याद में,

ज़ाया वक़्त याद बहुत आता है।

4)

एक आईना है मेरे कमरे में, रोज़ देखता था मेरी आँखों में।

मैं आँखों में ऐसा उलझा रहा कि आईने को देखा ही नहीं।

अब मैं रोज़ देखता हूँ आईने को, आईना मुझे नहीं देखता।

ज़ंग लगी है किनारों पे, शीशे पे धूल है।

धुंधलाहट में ही सही कुछ बिखरे बाल लाल आँखें अक्सर नज़र आते हैं।

हवासी से हवा आए तो देखे अपने अक्स को।

5)

सच कहूँ तो कभी इश्क़ नहीं हुआ मुझे
पर रंजिश सबसे हुई है।
सच कहूँ तो तुम्हारी याद नहीं आती
पर रंजिश तो तुमसे भी है।
आज फिर मैंने उड़ता परिंदा मार दिया।
खैर, रंजिश तो उससे भी हुई थी।

6)

है फ़ाक़े पर दिमाग़
आ रही मौत है दिल को।
गली-ए-जाना छोड़ आया हूँ।

7)

है हाथ में उसके एक पोशाक
कहता है,
कल पहनूंगा यह।
रूमाल निकालता है जेब से,
बारिश पोंछने के लिए।
है मुखौटे पर कुछ नज़दीकियों की दूरी।
जनाब, अय्यार है वो।

कल के लिए तैयार है वो।
है नाटकों का नाटक कल।
है ज़मीन उसकी प्रेक्षागृह
और बादल उसके पर्दे।
है एक सिक्का जेब में
जो गिरता जा रहा है हाथ से।
जनाब, अय्यार है वो।

शायद यार भी है वो
पर थोड़ा रहता अकेला सा।
है भूल गया सब बातें
जो कहनी थी कल मंच पर।
है एक पत्र जेब में लिखा है,
जनाब, अय्यार हो तुम।

8)

है एक दीवार मेरी रोज़ की राह पर,
कल लिखा था उस पर सांप्रदायिक नारा।
है आज वो वसुधैव कुटुम्बकम का प्रचारपत्र।
है यही सच्चाई बदलाव की,
ईंटें कोसती होंगी सियाही के ज़ुल्म को,
और सियाही कोसती होगी लेखक की कलम को,
और कलम कोसती होगी लेखक की चालाकी को।
थे दोनों लेखकों के चेहरे एक।

9)

हम से हम तक और तुम से मैं तक,

बहती है एक नदी।

है लाल रंग उसका।

खून? शायद नहीं।

है सियाही मेरे लफ़्ज़ों की और शरमाना तुम्हारे चेहरे का।

लाल कर देता है कागज़।

है पता नहीं कुछ पहरे का,

दिल पर मेरे।

सब मिट चुका है सब जल चुका है।

है एक उम्मीद लाल नदी कहती है,

"कश्ती कहाँ है मेरे आशिक?"

10)

थी कोई आम सी शाम

हम निकले वहाँ से

जहाँ होती मुलाक़ात हफ़्ते में तीन दफ़ा।

पिछली बार से ही शुरू हुई थी कुछ बात,

अब हालत ए दिल कुछ ऐसे कि करे आज भी बात।

ज़ोहरा जबीं पर सिर्फ़ ज़ोहरा जबीं।

निकले वहाँ से तो दिखा भीड़ में एक लड़का

शायद तुम्हें ही बुला रहा था।

थका मन अब गया मर तो थके दिमाग़ ने दिखाया रास्ता।

तुम जब तक मुड़ी अपनी ज़ुल्फ़ों का आँचल बनाए,

तब तक दूसरी राह पर गिरे मेरे साए।

थी सायों सी ही एक लड़की खींचती मेरा आस्तीन।

हाथ में था तुम्हारे लिए बचाया गया दिल या दिन का एक टुकड़ा।

हाथ खुल गया,

बच्ची को चॉकलेट बहुत पसंद आई।

11)

है धँसता जा रहा एक पत्थर,

कोसता है समुद्र को

और कोसता है फेंकने वाले को

और कोसता है पानी के बहाव को।

है उसको बहुत जलन उन पत्तों से जो बहते जा रहें हैं हवा के साथ।

ना काटे वो कभी किसी बहाव को बस चलते जाए।

क्यूं पैदा हुआ वो पत्थर रहता आराम से,

क्यूं सियाह है समुद्र और कागज की डूबी हुई नाव है।

12)
मीठे खर्राटे

एक शहर के बीचो-बीच एक मकान में,
परीक्षा से एक दिन पहले की रात।
ना पढ़ाई हुई है ना न जाना मंज़ूर है।
यह अक्सर हुआ ही करता था।
आज कुछ अलग बात थी।
बाप जो रोज़ सुबह उठाया करता था।
उसका सुबह उठना अभी तय नहीं था।
बड़े शहर के छोटे अस्पताल से हाथ खड़े होने के बाद
घर में ही पनाह मिली।

वो कहता है "जाओ सो जाओ कल सुबह जल्दी उठना है"
ना नींद उसको आ सकती थी
ना बेटी को।

कोई तनाव न पैदा हो,
इसलिए वो जाती है कमरे में अपने।
और बंद कर देती है सारी रोशनी।
और एक दीवार से दूसरी दीवार तक चलने लगती है।

एक घंटा बीत गया, दो घंटे बीत गए,
थक कर लेट जाती है चिंता में।
ख़यालों में गुम, अक्सर एक रात पहले यही होता था।

पर आज बात अलग थी।

इतने में उसे खर्राटों की आवाज आती है।
वो खर्राटे जो हर रात उसे सताया करते थे।
हर खर्राटे के साथ उसकी नींद गहरी होती जाती है।
इतनी गहरी कि वो फिर कल बारह बजे उठती है।

13)

मैं तो कहता हूँ

आओ कभी जनाज़े पे मेरे

तो मेरा दिल भी ला कर जला देना

कम से कम दिल और शरीर की राख ही मिल जाए।

क्या पता एक गुल मेरी आख़िरत के बाद खिल जाए।

कहीं ऐसा न हो, जिस्म मर जाए और जीता दिल जाए।

क्यूंकि जिस्म तो दिल मार कर ही जिए जाता है।

बदअख़लाख।

14)

क्या है मसला,

यूं तो आशिक़ी नहीं छूटती,

और फिर इश्क भी नहीं होता।

क्या पा लेना है आदत,

और पा कर छोड़ देना है फ़ितरत?

अगर है ऐसा ही तो,

मत कर ना इश्क तू।

और अगर है उम्मीद पाने की वो एक हमनफ़स,

तो दिल तोड़ते जा, ख्वाब दिखाते जा

और जब तेरा न हो पाए ख्वाब पूरा,

समझियो गई वो हमसफ़र।

15)

रोज मेरी नींद खुलती है,
कल शायद उठूंगा।

16)

किस से डर गई तुम?

मौत से मेरी?

या ज़िन्दगी से अपनी?

या मेरे बिना ज़िन्दगी से

या मौत के मेरे साथ से?

ख़याल है बड़ा बेअदब पर ख़ौफ़ का ताल्लुक वाबस्तगी से नहीं बल्कि

सिर्फ़ वाबस्तगी से है,

जो हो मुझसे या हो किसी से।

17)

अब तक ना पता चला मतलब ए इश्क
तो कातिल ए इश्क कहता है,
तुम से इश्क हो गया है।

हर किसी को।

18)

जालिम है आईना
आँखें दिखाता है आँखें नोच लेता है।
ज़माने भर के ग़म थे कम शायद
आँखें चुराता है, आँखें छीन लेता है।
रोक लेता है हर खुशी गिरेबान के पास ही
क्या पता कौन सी हज़म ना हो।
सोच लेता है हर ग़म नहीं बताना।
सोच लेता है हर हिज्र नज़म ना हो।
पर हो ही जाती है हर गलती की तरह।
आ ही जाती है उसकी याद की तरह।
हर जगह से आवाज़ सुनाई देती है।
तू खुद का कातिल है, आईने की तरह।

19)

हर मोहब्बत से पहले सोचता हूँ,

ये आख़िरी मोहब्बत है।

हर मोहब्बत के बाद सोचता हूँ,

ये तो मोहब्बत थी ही नहीं।

क्या कभी मोहब्बत होगी?

शायद नहीं।

पर कभी नहीं होगी?

शायद नहीं।

मुझे किस से होगी?

क्या पता?

किसी को मुझसे होगी?

शायद नहीं।

हर चीज़ का जवाब,

शायद, नहीं।

पर हर चीज़ का सवाल है,

शायद।

तो गालिबन ही सही शायद ही है दुनिया।

20)

कल उठेंगे हम,
हज़ारों वर्षों की नींद से।
धोएंगे अपने लाल हाथ
और देखेंगे अपने आस-पास।
एक बार के लिए,
न होगे तुम सिर्फ़ तुम और न मैं सिर्फ़ मैं।
होंगे तो होंगे सिर्फ़ हम।

क्यूं बिछती है लाशें?

क्यूं लगती है सर्दी?
क्यूं सोते हैं भूखे?
क्यूं है पैसे की दिक्क़त?

साम्प्रदायिकता, स्वार्थ से ऊपर देखेंगे आज हम
नए शिखर का श्रृंगार।

21)

तुम्हारा दिया खत पढ़ा आज फिर,

आज लगा कि अब यह सच नहीं।

नहीं हो तुम यहाँ अब मेरे लिए,

जैसा कि मैं चाहता था।

हुआ वैसा ही।

दिल-ए-नादान को जो कल दबाया था,

आज खड़ा है लेकर नई ज़िद अपनी।

एक खत तुम्हारा जो है उसके हाथ में,

एक खत मेरा जो कभी मेरे हाथ से जाएगा नहीं।

22)
पैदा तो हुआ नहीं हूँ अभी।
हो जाऊंगा तो मर नहीं पाऊंगा,

कशमकश है यही।

करूँ कुछ, तो रहूँ सदा जिंदा
ना करूँ कुछ तो मर जाऊं सांस लेते ही।

मर जाते हैं लोग बिना जिन्दा हुए
और जी जाते हैं लोग मर कर भी।

है कैसा ज़रिया यह सांस लेने का,
शरीर तो है दफन
पर याद में है वो।

याद में रहूंगा मैं।
और तुम?

23)

कतार है तेरे पीछे एक।

अब मेरी बारी है,

देखने की अपने ही समान एक इंसान।

जिसको दे दिया गया है एक सिंहासन।

शेरनी सी वो बैठी है,

नकारती जा रही है हर नए दास को।

मैं जब पहुंचा तो अजीब सा लगा।

लगा जैसे उस सिंहासन पर कभी मैं भी था,

शायद कुछ दिन पहले ही।

आज देखा नीचे से लगा मैं खुद को ही बहुत क्रूर,

थोड़ा अजीब भी लगा कि है तो वो भी मेरी जैसी ही।

उन सारी महिलाओं वाली गलती मैंने नहीं की।

रानी को नकार आया,

इंसान अभी मेरे साथ है।

24)

किसी कोने में दुनिया के,

बैठे हैं दो दोस्त निहारते हैं आसमान को।

आसमान कहता है उनसे कि हो क्या सिर्फ़ दोस्त तुम?

दोस्ती है क्या?

हो क्या सिर्फ़ एक खोज तुम?

एक रास्ता पा लेना का खुद को।

या एक चाहत पा लेने की उम्मीद।

एक चीज़ जो तुम्हें अकेला न छोड़े।

एक मैं जो उसे पुकारता हूँ।

एक वो जो सुन लेता है।

25)

मेरे पास एक बोतल है।
उसमें से थोड़ा पानी गिरता ही है।
जब भी उठाओ।
कहते हैं लोग कैपिटलिज़म अच्छी चीज़ है,
पानी कम ही गिरता है?
नहीं?

26)

कभी कभी नहीं आती,
या कहें की कभी कभी ही आती है।
आती है तो रुकती नहीं,
और रुकती है तो आती नहीं।
रुकावट है कुछ देर की ही।

हंसी कल फिर आएगी।

27)

क्या दौर है

किसी को देखना गुनाह है।

और किसी को न देखना और बड़ा गुनाह है।

गुनाह यह है कि आंखें हैं।

और गुनाह यह है कि तुम हो।

इसलिए गुनाह न करने के लिए,

आसमान देखता हूँ।

आसमान देखकर मुस्कराता है।

28)

तलवार

युद्ध में गिरा राजा ज़मीन पर।

गिरी साथ में तलवार।

वो ही तलवार जिस से वो आदेश दिया करता था।

वो ही तलवार जिसका खौफ़ था कोसों तक।

जाती जान उसकी,

अगर वो सैनिक न आता।

ना उठाता उसकी तलवार और न बचाता अपने राजा को।

जान किसने बचाई?

वफादार सैनिक या तलवार?

29)

तलवार

रथ पर खड़ा राजा,

देखता है प्रजा अपनी को।

नीची दिखती है वो,

और ऊपर दिखती है तलवार।

प्रजा के बीच दिखता है वो लोहार,

जिसकी है रचना तलवार।

तलवार किसकी?

राजा या लोहार?

30)

तलवार

राजा का भाई
घूरता है तलवार को।
सुबह से शाम तक।
है उसके पास भी, उसकी किस्म की।
पर मन नहीं भरता।
तलवार किसको काटे?
गला या परिवार?

31)

तलवार

मर गया राजा,

मर गई तलवार।

अब उसका कोई काम नहीं,

बस दाम है एक।

अगली तलवार का इंतज़ार हो।

तब तक कोई और खरीद ले तो

शायद अगली तलवार उसकी।

नहीं तो जो छीन ले,

तलवार उसकी।

तलवार किसी की?

उस की जो चाहे उसे?

या उसकी जिसे चलानी आती हो?

या उसकी जो उससे मर जाए?

किसी की नहीं।

32)

बिखर रहा हूँ जहाँ मैं,
जैसे कागज़ के टुकड़े फर्श पे मेरे।
जैसे तारे खुले आसमान में,
ढूंढ रहा हूँ जगह एक।
जगह वो,
जगह मेरी,
जगह शायद है या नहीं,
यहाँ।
परिंदा पिंजरे में,
सरहद से सरहद
बेहद।

33)

घर की पीछे वाली गली के मोड़ पर,

3 बच्चे खेलते देखे।

उठा था अभी पता नहीं कहां से।

लग तो रहा था हूँ नीचे एक कफ़न के।

आशा का एक टुकड़ा,

पिंजरे की चाबी

कहाँ?

गली के मोड़ पे।

34)

कुत्ते भौंकते हैं,

और दिमाग भौंकता है।

आधी रात को।

आज नींद का है इरादा।

कुत्तों की लड़ाई ही हो जाए,

आपस में,

या दिमाग से।

35)

घर से बाहर नहीं निकलता,
निकलता हूँ तो कभी बात नहीं करता।
हँसता रहता हूँ हर बात पर।
कभी मज़ाक नहीं करता।
नहीं पूछता हाल किसी का।
ना ही बताता हूँ किसी को।
क्या वहशत है दिमाग में।
क्या ज़िंदगी है अज़ाब में।
घर घुसता हूँ।
चप्पल उतारने से पहले तुम्हारी याद का हाल पूछता हूँ।

36)

झूठ, लज्जा से परे,

और सत्य सज़ा से परे,

है गांव मेरा।

है सरहद एक दुनिया की।

और उसके पार है एक शांत, झोपड़ी।

हद है, फिर अनहद है, फिर है गांव मेरा।

न है यहाँ तमीज़ की कोई रेखा।

न शर्म को है किसी ने देखा।

न है लोग यहाँ।

न है इंसानियत।

बस है एक ख़याल,

और हूँ मैं।

हाँ, हूँ मैं वहाँ जहाँ,

न सांस का बंधन है।

न मौत का पहरा।

न दिन की किरण है।

न रात का चेहरा।

है न समाज यहाँ,

न है सभ्यता।

है एक कागज़ और

है एक कलम।

साये सा है यह अल्फाज़।

सफेद कागज़ पर
अल्फाज़ है
"क्यूं?"

क्यूं जिंदा रहे?
क्यूं मर जाए?
क्यूं कहे सब कुछ?
क्यूं चुप रहे?
क्यूं न रहे यहाँ?
क्यूं ही रहे?

क्यूं वो कहे जो है ज़रूरी?

क्यूं है वो ज़रूरी?

क्यूं ही करूँ कुछ अपने लिए।
या किसी के भी लिए।
क्यूं रखूँ ख़याल मेरा?
क्यूं रखूँ ख़याल दुनिया का?

आता है ख़याल भी उस जहाँ का,
जहाँ आज़ाद है लोग बेड़ियों में।
उससे थोड़ा ही दूर,
गांव है मेरा।

37)

ज़रूरत

क्या है?

किसी चीज़ की भी है नहीं,

और हर एक चीज़ की है।

फ़र्क सिर्फ़ वजह का है,

किसी को जीने की मिलती है,

किसी को मरने की।

किसी को रहने की मिलती है,

किसी को जाने की।

बे-वजह तो जिया जाता है नहीं।

और इसीलिए ज़रूरत नहीं है।

38)

परछाई सी एक लड़की, देखती है रोशनी को।

कहती है उससे,

हमारे बीच किसी के आने से ही है मेरा वजूद।

तुम्हारी चाह है, पर तुम में मिलकर मैं नहीं रह पाऊँगी।

हैं तकलीफ़ें बहुत जो मैं तुमसे छुपाती हूँ और है रंजिशें बहुत जो मैं खुद से छुपाती हूँ।

यह छुपने छुपाने के खेल में एक चीज़ ही छुपती जा रही है।

है वो एक आईना।

वो आईना जो वो मेरे लिए लाया था।

वो एक रोशनी का टुकड़ा,

जो उस आईने से मेरी तरफ़ आता है।

मैं वो परछाई जो उससे मिट गई।

39)

मुझे मयखाना चाहिए तुम बन गई हो मस्जिद।

जहाँ हर सजदे के लिए झुकता है काफ़िर

और कबूल कोई दुआ नहीं होती।

नहीं होता कुछ भी वैसा जैसा होना चाहिए

या जैसा मेरे साथ आज तक हुआ है।

शायद यह नयापन ही तंग कर रहा है मुझे।

शायद याद आती है,

यह नयापन इतना नया भी नहीं है।

शायद इसका पुरानापन ज़्यादा तंग कर रहा है।

खैर, बदअक्लाख मैं भी तो कितनों का मस्जिद हूँ।

40)

सोना पर सपने ना देखना।
जागना पर उम्मीद ना करना।
रोना पर आँसू ना पोंछना।
देखना पर ध्यान ना देना।
सोचना पर काम ना करना।
रुकना पर नीचे ना बैठना।
सहन करना पर आह ना करना।
लेटना पर करवट ना बदलना।
उड़ना पर पंख ना हिलाना।
गिरना पर सिर ना बचाना।
कहना पर खुद मुकर जाना।
सुनना पर कुछ ना समझ आना।
समझना पर कुछ ना करना।
चुप रहना पर सब कुछ कह देना।
इश्क है ना बीती हुई रैना।

41)

ना बाहर जाऊँगी, ना नज़र उठाऊँगी।

ना पहनूँगी मनपसंद, ना लगूँगी मनपसंद।

क्यूंकि मन ने ही तो इंसान को बना दिया है वहशी।

है मेरी ही गलती अगर तुम वहशी और मेरी ही गलती अगर मैं खूबसूरत।

मेरी ही गलती अगर तू खोए आपा।

मेरी ही गलती अगर मैं न भाग पाऊँ।

मेरी ही गलती अगर मैं 6 महीने की।

मेरी ही गलती अगर मैं 60 साल की।

मेरी ही गलती अगर मैं ढकी हुई और मेरी ही गलती अगर मेरा शरीर दिखे।

कहते हैं रात देर से क्यूं निकली?

क्या रात है कैद और मैं उम्र कैदी?

अगर दिन ही बिताने हैं तो यह पूरी उम्र कैसी?

वैसी ही है जैसी उसकी होनी चाहिए जो मुझे यह उम्र देता है।

ऐ लोगों यह सज़ा गुनाहगार को क्यूं नहीं?

42)

ऐ क़यामत, कल आना

और ले चलना इस क़फ़स से दूर।

मेरी रोज़ सुनवाई होती है।

सबकी रोज़ रुसवाई होती है।

और होता है रोज़ ही एक कदम पीछे यह मुकदमा।

न मैं ज़िम्मेदार हूँ न सब गुनाहगार है।

क़त्ल किया है मेरे पानी का

और रोज़ हवा फूंक रहे हैं मेरे अंदर।

रोज़ कहते हैं अभी मौत नहीं आई।

और कितनी मौत आती है?

मेरा पानी मेरे गले ने सुखाया या मेरा पानी तुम पी गए?

अगर तुम पी गए तो जुनून मुबारक।

अगर मैंने सूखने दिया तो मुझे मेरी क़फ़स मुबारक।

43)

तुम्हारी आवाज़ से आज भी महक उठा गुलशन-ए-दिल,
तुम्हारे लफ्ज़ों से बदबू-ए-अजनबियत आई।

44)

यह सब यहीं रहेगा।

मैं नहीं तुम नहीं, बाकी सब।

यह दीवार टूटने तक

यह फूल मुरझाने तक

यह बादल बरसने तक

यह पत्ते गिरने तक

यह नदी सूखने तक

यह पत्थर टूटने तक

और यह घर ढहने तक।

दीवार खड़ी हो जाएगी

फूल खिल आएगा

बादल फिर आएगा

पत्ता फिर उगेगा

नदी फिर बहेगी

पत्थर फिर बनेगा

घर फिर बनेगा।

क्या नहीं बनेगा फिर?

मैं या तुम?

या हम दोनों?

या यह सब भी हमारे ही जैसे है?

फिर कभी नहीं बनेंगे?

या फिर मौत झूठ है।

45)

आज़ादी का चौथा पहर

पहला खुशी में काटा।
दूसरा पहले की खुशी में काटा।
तीसरा शांति में।
चौथा कुछ अलग था।
जो बेड़ियां तोड़कर मैं यहाँ तक पहुँचा वो याद आई
और याद आई क़फ़स।
और हुआ शक खुद पर,
"क्या मैं यह कर पाऊँगा?"
"क्या मैं मेरे हुक्मरान से ज़्यादा काबिल हूँ?"
यक़ीं तो पांचवे पहर तक भी नहीं हुआ।
शायद इस ही शक के साथ जीना होगा।
या शायद छठा पहर क्षितिज के पास होगा।

46)

क्या बंद कमरे में भी कृष्ण मुस्कुराते थे?
या वो भी मुखौटा था?
हम सब की तरह?
अवतार भी वक्त में बंद हो जाते हैं?
कृष्ण की तरह?

हम सब की तरह?
अवतार भी वक्त में बंद हो जाते हैं?
कृष्ण की तरह?

47)

यह अफ़्सुर्दगी आती कहाँ से है?

तुम्हारी कैद और मेरी ज़ंजीरों से,

मेरी समझ और तुम्हारी किताब से,

तुम्हारी हवा और मेरी सांस से,

मेरे चेहरे और तुम्हारी बे-चाँद रात से,

तुम्हारे कमरे और मेरी तनहाई से,

मेरे गाने और तुम्हारे कान से,

तुम्हारी रस्सी और मेरे सहरा से,

मेरी प्यास और तुम्हारी गर्मी से,

मेरी जान और तुम्हारी जान से।

48)
आते हैं
चले जाते हैं
कारण ऐसे लाखों
क्यूं जिएं? क्यूं मरे?
क्यूं सुने? क्यूं कहे?

क्यूं नहीं?
क्यूं?
ख़ैर कल उठ के फिर कारण ढूँढूंगा।
कल नहीं मिला तो,
परसों सुबह मैं मिलूंगा,
उससे
और कहूँगा
स्वर्ग कैसा है?

49)

बहार हर साल आती है,

हम इस साल ही फूल क्यूं तोड़ें?

50)

मेरे अंदर कांटे धसते जाते हैं।

इस राह पर सिर्फ़ वो नहीं पर ज़्यादा वो ही है।

मैं चलता जाता हूँ।

खून बहता जाता है।

पर इतना कम कि मुझे दर्द नहीं होता।

मैं मंज़िल की ओर बढ़ ही रहा था कि

मुझे आँसू आने लगते हैं।

वजह क्या है?

कुछ ही दूर चलने के बाद,

मेरे सारे बाल गिरने लगते हैं।

वजह क्या है?

फिर मेरे कपड़े फट जाते हैं,

वजह क्या है?

फिर मेरा एक पैर काम करना बंद कर देता है।

दूसरा अकेला क्या ही करता,

मैं गिर जाता हूँ।

सारे कांटे जो सिर्फ़ पैर में थे,

अब सिर्फ़ वहाँ नहीं।

मैं मौत के इंतज़ार में, और गिला ए ऐतबार में।

वजह खोजता हूँ।

51)

ज़िंदगी कैसे जियें?

यह सवाल है आजकल।
कुछ करता हूँ फिर सोचता हूँ कि क्या यह करना ठीक है?
क्या मैं अपना वक्त ज़ाया कर रहा हूँ?
क्या बादल को ऐसे घूरना चाहिए?
क्या रोज़ शाम नाटक देखना चाहिए?
क्या किताबें पढ़नी चाहिए?

क्या इश्क करना चाहिए?

क्या करना चाहिए?
क्या करूँ ऐसा कि ज़िंदगी से संतुष्ट हो जाऊँ?
सुकून के क्षणों में सोचता हूँ, क्या यह क्षण ऐसे ही बीतना चाहिए?
दुख के क्षणों में सोचता हूँ, क्या मुझे इस क्षण को देखना भी था?

इस वक्त बचाने की कशमकश में,
मैं सवाल को ढंग से नहीं देखता।
मुझे सिर्फ़ कैसे से मतलब है।

ज़िंदगी जियें?

52)

एक लड़का मर गया आज।

मर्दानगी का सबूत, वही रौब वही लड़ाइयाँ।
वही अना, वही गुस्सा।
लगता तो ऐसा कि जैसे खुद इन्द्र ही ज़मीन पर आ गया हो।
पर क्या?

जान दे दी उसने।
क्या मुखौटा है यह इंद्रपंती?
क्या आँसू आते थे उस मुखौटे के पीछे?
क्या किसी को पोंछने दे सकता था वो?
शायद नहीं।
क्या उसने अपनी जान दी?
या तुमने उसकी जान ली?
वो वज्र निगल गया।

53)

हम दुनिया छोड़ के घर आए,
दुनिया दुनिया छोड़ के घर आ गई।

54)

मैं एक चाबी ढूँढ रहा हूँ।
कुर्सी के नीचे
पलंग के नीचे
सितार के नीचे
माला के नीचे
सड़क के ऊपर
फूल के ऊपर
किताब के अंदर
बोतल के अंदर।

चाबी कितनी छोटी है यार,
या कितनी बड़ी है।
नज़र नहीं आती।

ताला है जीने की वजह का,
या दुनिया ही ताला है।

55)

मैं क्यूं तुमसे भागता हूँ,

तुम मेरे अंदर का इंसान बाहर लाती हो।

मैं कुछ सोच नहीं पाता,

लिख ज़रूर लेता हूँ।

मैं कुछ समझ नहीं पाता,

पढ़ ज़रूर लेता हूँ।

तुम इश्क हो,

मैं सोचने समझने पर मजबूर हूँ।

किसी एक मजबूरी को छोड़ना पड़ेगा।

चलो फिर कल यही कहूँगा दुबारा।

56)

हम हँसते हैं।

हमारा घर है।

पायदान के नीचे है काफ़ी सारी बातें

सब ही उस पर बैठते हैं।

हम हँसते हैं।

मैं खाना बनाती हूँ अक्सर।

धीरे-धीरे ही सही पर सीख गई हूँ।

सीखना ही था।

सब ही बैठते हैं, सब ही खाते हैं, सब ही हँसते हैं।

मेरा भाई बाहर गया आज,

काम भी होते हैं बहुत।

जाना ही था।

सब ही बैठते हैं, सब ही याद करते हैं, सब ही हँसते हैं।

अम्मी मेरे कमरे में ही सोई आज रात,

मैं न जाने करती हूँ किससे बात।

शायद आईना है, या है मेरा एक रास्ता।

ख़ैर कल सुबह,

सब ही बैठते हैं, सब भूलती हूँ, सब ही हँसते हैं।

उम्र हो रही है मेरी, किताबें पसंद ज़्यादा आती हैं।

हाँ, उर्दू में। कहानियाँ अच्छी लगती हैं।

अच्छी लगनी ही थी।

सब ही बैठते हैं, कोई सुनता है?, सब ही हँसते हैं।

मैं रोती हूँ।

क्यूं? कभी-कभी लगता है, मैं ज़्यादा हँसती हूँ।

कभी-कभी लगता है,

मैं क्यूं उससे बात नहीं करती जो मेरा रोना भी सुनने को तैयार है।

लगना ही था।

सब ही बैठते हैं, मैं ख़त लिख के जलाती हूँ, सब ही हँसते हैं।

सब ही हँसते ही रहेंगे।

हँसना आसान है ना।

हँसना ही था।

सब ही बैठते हैं, कोई सोचता नहीं, बस हँसते हैं।

57)

बारिश।

कल हुई थी,
मैं भीग गई।

आज हुई,
नहीं भीगी।

कल होगी,
देख लूँगी।

परसों अगर हुई,
नहीं देखूँगी।

अगले हफ्ते मुझे पता नहीं चलेगा।
अगले महीने मेरा मन ही नहीं करेगा।
अगले साल, "बारिश क्या होती है?"

मौत के बाद, "इतनी कौन सी ज़िम्मेदारी थी।"

58)

मेरे घर चोर आए।

"बूढ़ा सो रहा है, जल्दी कर लेते हैं जो करना है।"

पहले मेरी दौलत ली,
फिर मेरी शोहरत ली,
फिर मेरे कागज़ फाड़े,
फिर मेरे फूल तोड़े।

"बड़ी गहरी नींद में है आज तो।"

मैं अपनी जान पकड़ कर सोता रहा।

59)

अलविदा।

वो कहकर गई,

मैं सुनकर गया।

मैं लिख रहा हूँ,

आप पढ़कर जाएँगे।

जाएँगे ज़रूर।

क्यूंकि रहना अब फितरत में नहीं है।

नहीं है रुकना, नहीं है ठहरना, नहीं है सोचना, नहीं है निहारना।

है तो बस देखना, समझना, चल देना।

मेरे साथ यह ज़ुल्म न करें।

रुकें, ठहरें, सोचें, निहारें।

देखें किनारे और आने जाने वाले.

सब ही मतलब करते दिखे करतब

हर लफ्ज़ अब लगेगा फरेब।

हाँ, ऐसे ही हर सीमा को तोड़ दूँगा।

बना दूँगा कविता फिर मुक्त छंद ओड़ दूँगा।

हर क्षितिज के पीछे से और हर दीवार के सामने से आवाज़ आएगी।

क्यूं?

मैं कहूँगा क्यूं नहीं? और हँसूंगा।

यह उम्मीद नहीं है।

यह खराब तर्क है।

अकेला अक्षर है।

जीने की आशा और मरने की तमन्ना के बीच।

क्यूं

60)

मेले गए हो?

फेरिस व्हील नाम का एक झूला होता है।

आप चढ़ते हैं,

दरवाजा बंद होता है।

हम ऊपर जाते हैं,

फिर नीचे आते हैं।

फिर ऊपर कहीं रुक जाता है,

फिर नीचे कहीं रुक जाता है।

ऊपर से पूरा मेला दिखता है,

नीचे से सिर्फ़ रोते हुए बच्चे, जो लाइन में इंतज़ार कर रहे हैं।

ऊपर ठंडी हवा,

नीचे सांस की कमी।

आखिर में यह झूला रुक जाता है।

और आप इससे बाहर निकलते हैं या निकाल दिए जाते हैं।

जैसा भी आप समझना चाहें।

यही ज़िन्दगी है और कुछ नहीं।

अगली रात के अंधेरे में मिलूंगा। अगर तुम समझते हो मुझे तो सिर्फ़ मैं असीम नहीं। तुम भी असीम हो।